Freche Mini-Muffins

von Luise Lilienthal

Fotografiert von Andreas Ketterer

Bassermann

Inhalt

Auf ins Mini-Muffin-Wunderland? 3

Das ABC des Muffin-Backens 4

Die Rezepte 10

Bunt getupft 12	Süße Schneeflocken 38
Madame Butterfly 14	Schoko-Marzipan-Igelchen 40
Geburtstags-Minis 16	Verlockende Fliegenpilze 42
Vanille-Minis mit PS. 18	Kokos-Pralinen mit Schuss 44
Rosa Küsschen 20	Bunte chinesische Drachen 46
Bunte Blumenwiese 22	Schäfchen-Glück. 48
Kleine Halloween-Monster 24	Safari-Minis 50
Gestapelte Früchtchen. 26	Schoko-Erdbeer-Törtchen 52
Sternenhimmel 28	Marsmännchen 54
Cosmopoli-Minis 30	Prinzessinnen-Muffins 56
Verführerischer Erdbeertraum 32	Freche Meeresfrüchtchen 58
Blaue Wunder 34	Minis mit Hut 60
Schneckenrennen 36	

Alphabetisches Rezeptverzeichnis 62
Dank und Impressum 63

Auf ins Mini-Muffin-Wunderland?

Freche Minimuffins machen Spaß, sind lecker und geradezu ideal, um zu backen, was einem in den Sinn kommt: von kleinen Hinguckern bis zu originellen Kunstwerken. Der Fantasie sind dabei kaum Grenzen gesetzt. Alles, was Sie brauchen, sind Freude am Experimentieren, ein wenig Lebensmittelfarbe, ein paar Süßigkeiten zum Dekorieren und natürlich die Rezepte für die köstlichen Minis. Und schon liegt Ihnen und Ihren Gästen eine ganze bunte Welt zu Füßen. Aber Vorsicht! Die charmanten Lieblinge können so hinreißend und lebendig aussehen, dass Sie es kaum mehr übers Herz bringen werden, sie zu essen.

Ich habe selten erlebt, dass süße Kleinigkeiten so viel Freude, Spaß und Begeisterung auslösen. »So was will ich auch können« war ein Satz, den ich oft gehört habe. Gewusst wie und manchmal auch mit etwas Geduld ist die Produktion von Schäfchen, Marsmännchen oder Prinzessinnen kein Hexenwerk. Trauen Sie sich einfach und kreieren Sie Ihr ganz persönliches Back-Wunderland!

Ich wünsche Ihnen ebenso viel Spaß, wie ich ihn hatte – beim Backen, Experimentieren und Probieren. Überraschen Sie Ihre Freunde, Ihre Familie oder auch sich selbst mit diesen frechen Minimuffins.

Ihre Luise Lilienthal

Das ABC des Muffin-Backens

Um leckere Mini-Muffins in bunter und fröhlicher Verkleidung herzustellen, benötigen Sie nur wenige Küchengeräte, ein paar Grundzutaten, Dekoelemente und etwas Know-how. Dann werden Ihnen im Handumdrehen diese kleinen Kunstwerke gelingen.

Freche Muffins für jeden Anlass

Diese Minimuffins sind wahre Verführer und liefern ganz großes Genuss-Kino. Sie sind klein und charmant, schnell zubereitet und noch schneller gegessen. Frisch, frech und fröhlich sorgen sie auf Kindergeburtstagen und Partys für Begeisterung. Genauso gut kann man sie aber auch als Betthupferl oder als köstlich-kleine Kuchenkreation in einem stillen Moment genießen.

Die Grundausstattung

Freche Minimuffins bestehen eigentlich immer aus einer Art Grundteig, den Sie mit Obst, Schokolade oder Nüssen variieren und mit Dekoelementen raffiniert verzieren können. Damit Sie jederzeit gerüstet sind, wenn Sie die Lust auf Muffin-Basteleien überkommt oder Sie spontan auf eine Party eingeladen werden, sollten Sie folgende Zutaten immer im Haus haben: Mehl, Zucker, Eier, geschmacksneutrales Öl, Backpulver, Speisestärke und Joghurt. Ich bevorzuge Distelöl. Statt des Distelöls können Sie auch ein anderes geschmacksneutrales Öl wie Sonnenblumenöl oder Rapsöl verwenden. Olivenöl aber ist wegen des starken Eigengeschmacks ungeeignet. Dies sind die Pflichtzutaten, alles andere ist Kür. Für Schokoladen-Muffins benötigen Sie Kakaopulver oder Schokolade, für Muffins mit Früchten Beeren oder anderes Obst. Puderzucker sollte sowieso in keinem Backhaushalt fehlen – Sie brauchen ihn bei fast allen Rezepten für die Glasur.

Um aus Ihren Muffins kleine freche Kunstwerke zu kreieren, ist Lebensmittelfarbe unverzichtbar. Die wird vom Handel in der Tube und als Pulver angeboten. In gut sortierten Fachmärkten können Sie auch Lebensmittelfarben aus Naturprodukten wie Roter Bete ganz ohne künstliche Zusatzstoffe bekommen. Sehr lohnenswert ist ein Blick ins Süßigkeitenregal. Fruchtgummis, Brauseflummis, Lakritz, Fledermäuse oder Smarties eignen sich hervorragend zum Verzieren. Mit Liebesperlen, Elfenstaub und Streuzucker können Sie schnell tolle Effekte erzielen. Marzipan lässt sich wunderbar zum Gestalten oder als Decke verwenden. Firmen wie beispielsweise Haribo bieten ein breites Spektrum von süßen Figuren an, die Sie nur noch ankleben oder zurechtschneiden müssen. Wenn Sie auf Gelatine und Zucker im Gummibärchen verzichten wollen, können Sie auch auf Produkte aus dem Naturkostladen zurückgreifen. Die Motivauswahl ist hier jedoch deutlich begrenzter.

In einigen Rezepten verwende ich Alkohol, beispielsweise Eierlikör. Auch wenn sich der Alkohol durch das Backen weitgehend verflüchtigt, sind diese kleinen Muffins doch eher etwas für Erwachsene und gehören nicht in Kindermund. Sirup-Hersteller bieten inzwischen aber ein sehr breites Sortiment an, sodass es gute Alternativen gibt. Statt Limoncello können Sie auch Limetten-Fruchtsirup verwenden, statt Batida de Coco Kokos-Fruchtsirup. Garantiert alkoholfrei und kindgerecht. Für Eierlikör gibt es allerdings keinen adäquaten Ersatz.

Ähnlich wie mit den Zutaten verhält es sich mit den Küchengeräten. Als Grundausstattung genügt es, zwei Rührschüsseln, einen kleinen Topf, einen Kochlöffel, einen Teigschaber, ein Messer, einen Backpinsel, eine Knoblauchpresse, Holzzahnstocher und eine Küchenwaage zu besitzen. Die Waage ist zwar nicht zwingend erforderlich, erleichtert das genaue Abwiegen aber ungemein. Ein Handrührgerät brauchen Sie nur dann, wenn Sahne oder Creme ins Spiel kommt. Zum stilvollen Verzieren ist ein Spritzbeutel mit Tülle sehr praktisch.

Backen

Bei der Teigzubereitung gibt es zwei Komponenten – den trockenen und den feuchten Teig. Das Geheimnis des fluffigen Muffins liegt in diesem Zweikomponenten-Vorgehen. Die trockenen und feuchten Teigbestandteile werden erst zum Schluss rasch zusammengemischt und vorsichtig verrührt. Zu heftiges Schlagen führt zu zähen Ergebnissen. Minimuffins sind in dieser Hinsicht aber sehr viel robuster als ihre großen Geschwister.

Diese Robustheit hat einen ganz wunderbaren Nebeneffekt. Sie können nämlich aus einem Grundteig mehrere Varianten herstellen und in einem Blech backen. So können Sie zum Beispiel die erste Hälfte des Teiges zu hellen Muffins verarbeiten und die zweite Hälfte mit einem Esslöffel Kakao färben und dunkle Muffins mitbacken. In einem Durchgang schaffen Sie somit gleich zwei Muffin-Sorten.

Füllen Sie die Vertiefungen nur zu ungefähr drei Vierteln mit Teig, denn er geht wegen des Backpulvers noch auf. Sind die Förmchen zu üppig befüllt, quillt der Teig über, was nicht nur die Form des Muffins beeinträchtigt, sondern zusätzliche Arbeit beim Reinigen der Form bedeutet. Relativ zielsicher lässt sich der Teig mit einem Teelöffel in die Förmchen füllen.

Jeder Ofen heizt ein wenig anders. Auch wenn digitale Temperaturanzeigen verlässlicher wirken als Drehräder bei Gasöfen, so empfiehlt es sich immer, ein einfaches und bestechend zuverlässiges Testverfahren anzuwenden: den Holzstäbchentest. Damit können Sie feststellen, ob die Minimuffins fertig sind. Einfach in einen Muffin stechen und wieder herausziehen. Bleiben keine oder nur wenige Teigkrümelchen am Stäbchen oder Zahnstocher hängen, sind sie fertig. Ansonsten sollten Sie ihnen noch ein bis zwei Minuten geben und den Test wiederholen.

Nehmen Sie nach dem Backen die Form aus dem Ofen und lassen Sie die Muffins ein paar Minuten abkühlen. Fahren Sie dann mit einem kleinen Messer, möglichst einem Obstmesserchen, am Rand der Muffins entlang. Wenn Sie daran gedacht haben, die Förmchen vorher einzuölen, werden die Muffins spielend leicht aus der Form gehen. Lassen Sie sie auf einem Kuchengitter ein paar Minuten auskühlen, bevor Sie sie verzieren.

Dekorieren

Beim Gestalten der kleinen Kostbarkeiten können Sie Ihrer Fantasie freien Lauf lassen. Erlaubt ist alles, was gefällt und auf den kleinen Muffins Platz findet.

Für die Zuckerglasur mischen Sie Puderzucker mit Wasser, Zitrone oder Likör und Lebensmittelfarbe am besten in einer kleinen Espressotasse. Die Muffins kopfüber eintauchen, trocknen lassen und fertig ist der Überzug. Zuckerstreusel oder Elfenstaub sollten Sie auf die noch feuchten Muffins streuen. Die Intensität der Farbe hängt von der Menge und dem Fabrikat der von Ihnen verwendeten Lebensmittelfarbe ab.

Dunkles Marzipan erhalten Sie, wenn Sie Marzipan mit Kakaopulver verkneten. Für buntes Marzipan wird die Rohmasse mit Lebensmittelfarbe verknetet.

Um Muffins mit Schokolade zu überziehen, muss die Schokolade über einem heißen, nicht kochenden Wasserbad geschmolzen werden. Achten Sie darauf, dass das Wasser nicht in die Schokolade schwappt. Denn sie verklumpt dann sofort und ist für den Guss nicht mehr zu gebrauchen. Und wieder kommt die Espressotasse zum Einsatz, sofern Sie nur die Kuppel glasieren wollen. Wenn Sie den Muffin komplett tauchen möchten, benötigen Sie eine etwas größere Schüssel und im Idealfall eine Pralinengabel. Stellen Sie die Muffins danach auf ein Kuchengitter, unter das Sie zuvor eine Zeitung gelegt haben, damit die ablaufende Schokolade nicht den Tisch verklebt.

Servieren und verschenken

Freche Minimuffins eignen sich hervorragend als kleines Mitbringsel oder Geschenk und sind als Liebesbeweis oder Partygag unschlagbar. Kleine, hübsch verzierte Papierförmchen bekommen Sie in jedem gut sortierten Haushaltswarengeschäft und im Internet. Nutzen Sie die Förmchen zum Verpacken, nicht zum Backen. Unbenutzt sehen sie sehr viel hübscher aus. Zum Backen selbst benötigen Sie keine Papierförmchen, das Blech ist beschichtet. In Papeterien können Sie bunte Schächtelchen erwerben, in denen Sie Ihre Minimuffins transportsicher verpacken und stilvoll überreichen können. Verpackt in Zellophan und mit einem Schleifchen versehen sind sie ein ausgesprochen liebevolles, persönliches Geschenk.

Die Rezepte

Ob mit Zuckerguss oder Marzipan, in Schokolade getaucht oder mit Elfenstaub verziert, ob einfach und klassisch oder tüftelig und verspielt – bei den folgenden Rezepten ist für jeden Geschmack etwas dabei.

Bunt getupft

Zubereitungszeit

15 Minuten

Backzeit

10–12 Minuten

Für die Form

etwas geschmacks-
  neutrales Öl

Zutaten

90 g Mehl
1 TL Backpulver
1 EL Speisestärke
1 Prise Salz
1 Ei (Größe M)
50 g Zucker
50 ml geschmacks-
  neutrales Öl
3 EL Joghurt
125 g Puderzucker
Lebensmittelfarbe, gelb
24 bunte Schokolinsen

1 Den Backofen auf 180 °C (E-Herd) vorheizen (Umluft: 160 °C). Die Vertiefungen der Form mit Öl einpinseln.

2 Das Mehl mit Backpulver, Speisestärke und dem Salz vermengen.

3 In einer zweiten Schüssel das Ei mit Zucker, Öl und Joghurt verquirlen.

4 Die Mehlmischung mit der Eiermasse vorsichtig vermengen und den Teig zu drei Vierteln in die Vertiefungen geben. Die Muffins auf einem Backrost auf der mittleren Schiene des vorgeheizten Backofens 10–12 Minuten backen.

5 Für den Guss den Puderzucker mit der Lebensmittelfarbe vermengen. Den Guss in eine Espressotasse füllen. Die Muffins kopfüber in den Guss tauchen und auf ein Kuchengitter stellen. Die noch feuchten Muffins mit jeweils einer Schokolinse verzieren.

Ein Valentins-Gruß

Madame Butterfly

Zubereitungszeit

50 Minuten

Backzeit

10–12 Minuten

Für die Form

etwas geschmacksneutrales Öl

Zutaten

90 g Mehl
1 TL Backpulver
1 EL Speisestärke
1 Prise Salz
1 Ei (Größe M)
50 g Zucker
50 ml geschmacksneutrales Öl
3 EL Joghurt
Lebensmittelfarbe, rot, gelb
125 g Puderzucker
24 Brauseflummis, z. B. von Hitschler
2 Schnecken, z. B. von Haribo
50 g Marzipanrohmasse
25 g Puderzucker
Zuckerschrift, rot, gelb
24 Liebesperlen
Elfenstaub zum Verzieren
24 Papierförmchen

1 Den Backofen auf 180 °C (E-Herd) vorheizen (Umluft: 160 °C). Die Vertiefungen der Form mit Öl einpinseln.

2 Das Mehl mit Backpulver, Speisestärke und dem Salz vermengen.

3 In einer zweiten Schüssel das Ei mit dem Zucker, dem Öl und dem Joghurt verquirlen.

4 Die Mehl- mit der Eiermasse und nach Belieben mit roter Farbe vorsichtig vermengen. Den Teig zu drei Vierteln in die Vertiefungen geben. Die Muffins auf einem Backrost auf der mittleren Schiene des vorgeheizten Backofens 10–12 Minuten backen.

5 Den Puderzucker auf zwei Gefäße verteilen und mit Lebensmittelfarbe und etwas Wasser anrühren. Die Muffins in den Zuckerguss tauchen und auf einem Kuchengitter trocknen lassen. Die Brauseflummis in der Mitte teilen und die Brause entfernen. Aus den Deckeln werden die Flügel. Die Schnecken aufrollen und aufspalten. 48 ca. 2 cm lange Fäden abschneiden. Daraus werden die Fühler.

6 Die Marzipanrohmasse mit dem Puderzucker verkneten. Aus der Marzipanrohmasse 24 ca. 3 cm lange Rollen formen. Die Flügel mit etwas Zuckerschrift verzieren. Die Brauseflügel in die Marzipanrollen stecken.

Die Fühler auf dem Marzipan anbringen. Die Liebesperlen mit etwas Zuckerguss als Nasen festkleben. Die Marzipanrolle, die der Schmetterlingskörper ist, an der Unterseite mit Zuckerguss bestreichen und auf die Muffins setzen. Zuletzt den Zwischenraum zwischen den Flügeln mit etwas Zuckerguss bestreichen und Elfenstaub einrieseln lassen. In die Papierförmchen setzen.

Geburtstags-Minis

Zubereitungszeit

15 Minuten

Backzeit

10–12 Minuten

Für die Form

etwas geschmacksneutrales Öl

Zutaten

90 g Mehl
1 TL Backpulver
1 EL Speisestärke
1 Prise Salz
1 Ei (Größe M)
50 g Zucker
50 ml geschmacksneutrales Öl
3 EL Joghurt

125 g Puderzucker
Lebensmittelfarbe, rot, grün, blau
2 EL Elfenstaub oder anderer Dekorzucker
24 Holzstäbchen mit Geburtstagsfähnchen
24 Geburtstagskerzen (je nach Alter)

1 Den Backofen auf 180 °C (E-Herd) vorheizen (Umluft: 160 °C). Die Vertiefungen der Form mit Öl einpinseln.

2 Das Mehl mit Backpulver, Speisestärke und dem Salz vermengen.

3 In einer zweiten Schüssel das Ei mit dem Zucker, dem Öl und dem Joghurt verquirlen.

4 Die Mehlmischung mit der Eiermischung vorsichtig vermengen und den Teig zu drei Vierteln in die Vertiefungen geben. Die Muffins auf einem Backrost auf der mittleren Schiene des vorgeheizten Backofens 10–12 Minuten backen.

5 Für den Guss den Puderzucker auf drei Tassen verteilen, mit etwas Wasser verrühren und mit den Lebensmittelfarben vermengen. Die Muffins kopfüber in den Guss tauchen und auf ein Kuchengitter stellen. Die noch feuchten Muffins mit Elfenstaub oder anderem Dekorzucker bestreuen. Die Papierfähnchen und die Geburtstagskerzen auf die Muffins stecken.

Schnell gemacht

Vanille-Minis mit PS

Zubereitungszeit

20 Minuten

Backzeit

10–12 Minuten

Für die Form

etwas geschmacks-
 neutrales Öl

Zutaten

90 g Mehl
1 EL Speisestärke
1 TL Backpulver
1 Prise Salz
1 Ei (Größe M)
Mark einer Vanilleschote
50 g Zucker
50 ml geschmacks-
 neutrales Öl
3 EL Griechischer Joghurt
125 g Puderzucker
Lebensmittelfarben,
 nach Belieben
24 kleinste Spielzeug-
 autos aus Plastik oder
 Fruchtgummi

1 Den Backofen auf 180 °C (E-Herd) vorheizen (Umluft: 160 °C). Die Vertiefungen der Form mit Öl einpinseln.

2 Das Mehl mit Speisestärke, Backpulver und dem Salz vermischen.

3 In einer zweiten Schüssel das Ei mit dem Vanillemark, dem Zucker und dem Öl verquirlen. Den Joghurt hinzugeben und verrühren.

4 Die Mehlmischung mit der Eiermasse vorsichtig vermischen. Den Teig zu drei Vierteln in die Vertiefungen der Form füllen und die Muffins auf einem Rost auf der mittleren Schiene des vorgeheizten Backofens 10–12 Minuten backen.

5 Den Puderzucker mit etwas Wasser verrühren und mit Lebensmittelfarben in verschiedenen kleinen Gefäßen anrühren. Die Muffins kopfüber in den Guss tauchen und auf einem Kuchengitter abstellen. Die Autos auf die noch feuchten Muffins setzen.

Rosa Küsschen

Zubereitungszeit
30 Minuten

Backzeit
10–12 Minuten

Für die Form
etwas geschmacksneutrales Öl

Zutaten
90 g Mehl
1 TL Backpulver
1 EL Speisestärke
1 Päckchen Vanillezucker
1 Prise Salz
1 Ei (Größe M)
40 g Zucker
50 ml geschmacksneutrales Öl
3 EL Erdbeerjoghurt
125 g Puderzucker
Lebensmittelfarbe, rot
100 g Butter, zimmerwarm
50 g Puderzucker
100 g Marshmallow-Fluff, Erdbeere
24 Liebesperlen

Außerdem:
Spritzbeutel mit Sterntülle

1. Den Backofen auf 180 °C (E-Herd) vorheizen (Umluft: 160 °C). Die Vertiefungen der Form mit Öl einpinseln.

2. Das Mehl mit Backpulver, Speisestärke, Vanillezucker und dem Salz vermengen.

3. In einer zweiten Schüssel das Ei mit Zucker, Öl und Erdbeerjoghurt verquirlen.

4. Die Mehlmischung mit der Eiermasse vorsichtig vermischen. Den Teig zu drei Vierteln in die Vertiefungen der Form füllen. Die Muffins auf einem Backrost auf der mittleren Schiene des vorgeheizten Backofens 10–12 Minuten backen.

5. Den Puderzucker mit etwas Wasser und der Lebensmittelfarbe anrühren. Wenn Sie unterschiedliche Rottöne möchten, verteilen Sie den Puderzucker auf verschiedene Tassen und variieren den Anteil an Lebensmittelfarbe. Die Muffins kopfüber in den Guss tauchen und auf einem Kuchengitter abstellen.

6. Die weiche Butter mit dem Puderzucker vermischen. Den Marshmallow-Fluff dazugeben und mit dem Rührgerät zu einer glatten Masse schlagen. In einen Spritzbeutel mit Sterntülle geben und kleine Krönchen auf die Muffins spritzen. Mit je einer Liebesperle verzieren.

Für den Osterkorb

Bunte Blumenwiese

Zubereitungszeit
15 Minuten

Backzeit
10–12 Minuten

Für die Form
etwas geschmacks-
  neutrales Öl

Zutaten
90 g Mehl
1 TL Backpulver
1 EL Speisestärke
1 Päckchen Vanillezucker
1 Prise Salz
1 Ei (Größe M)
40 g Zucker
50 ml geschmacks-
  neutrales Öl
3 EL Joghurt
125 g Puderzucker
Lebensmittelfarben,
  nach Belieben
1 Marzipandecke
24 Liebesperlen

Außerdem:
Kleiner Blumenausstecher

1 Den Backofen auf 180 °C (E-Herd) vorheizen (Umluft: 160 °C). Die Vertiefungen der Form mit Öl einpinseln.

2 Das Mehl mit Backpulver, Speisestärke, Vanillezucker und dem Salz vermengen.

3 In einer zweiten Schüssel das Ei mit dem Zucker, dem Öl und Joghurt verquirlen.

4 Die Mehlmischung mit der Eiermasse vorsichtig vermengen. Den Teig zu drei Vierteln in die Vertiefungen der Form füllen. Die Muffins auf einem Backrost auf der mittleren Schiene des vorgeheizten Backofens 10–12 Minuten backen.

5 Den Puderzucker auf Espressotassen verteilen, mit etwas Wasser und den Lebensmittelfarben verrühren. Die Muffins kopfüber in die Glasur tauchen und auf einem Kuchengitter abstellen. Aus der Marzipandecke mit einem kleinen Blumenausstecher 24 Blüten ausstechen. Die Blüten mit dem gefärbten Zuckerguss bestreichen und auf die Muffins setzen. In die Mitte der Blüte eine Liebesperle setzen.

Zum Fürchten gut!

Kleine Halloween-Monster

Zubereitungszeit

60 Minuten

Backzeit

10–12 Minuten

Für die Form

etwas geschmacksneutrales Öl

Zutaten

90 g Mehl
20 g Haselnüsse, gemahlen
1 TL Backpulver
1 EL Speisestärke
½ TL Piment, gemahlen
1 Ei (Größe M)
50 g Zucker
40 g Zartbitterschokolade, 70 % Kakaoanteil, geschmolzen
50 ml geschmacksneutrales Öl
3 EL Joghurt
1 Prise Salz
100 g Marzipanrohmasse
175 g Puderzucker
Lebensmittelfarbe, schwarz, rot, gelb
12 kleine Lakritz-Fledermäuse, z. B. von Haribo

1 Den Backofen auf 180 °C (E-Herd) vorheizen (Umluft: 160 °C). Die Vertiefungen der Form mit Öl einpinseln.

2 Das Mehl mit Haselnüssen, Backpulver, Speisestärke und dem Piment verrühren.

3 In einer zweiten Schüssel das Ei mit Zucker, geschmolzener Schokolade, Öl, Joghurt und Salz verquirlen.

4 Die Mehlmischung mit der Eiermasse mischen. Den Teig zu drei Vierteln in die Vertiefungen der Form füllen und die Muffins auf einem Rost auf der mittleren Schiene des Backofens 10–12 Minuten backen.

5 Marzipan mit 50 g Puderzucker verkneten. Für die Spinnenkörper 12 Ovale (ca. 1,5 cm lang) formen, 12 kleine Kügelchen als Köpfe daran anbringen. An jedem Körper 8 Marzipanbeine (ca. 2 cm lang) mit Zuckerguss befestigen. Die schwarze Lebensmittelfarbe mit Wasser anrühren und die Spinnen damit bestreichen.

6 Aus 2 Esslöffeln Puderzucker mit Wasser, roter und gelber Lebensmittelfarbe Glasuren rühren. 12 Muffins in die gelbe, 12 Muffins in die rote Glasur tauchen. Auf einem Kuchengitter abstellen. Die Lakritz-Fledermäuse auf die gelben Muffins, die Spinnen auf die roten Muffins setzen.

Für die Sommerparty

Gestapelte Früchtchen

Zubereitungszeit

30 Minuten

Backzeit

10–12 Minuten

Für die Form

etwas geschmacksneutrales Öl

Zutaten

90 g Mehl
1 EL Speisestärke
1 TL Backpulver
1 Prise Salz
1 Ei (Größe M)
Mark von 1 Vanilleschote
50 g Zucker
50 ml geschmacksneutrales Öl
3 EL Griechischer Joghurt
Lebensmittelfarbe, gelb
125 g Puderzucker
50 blaue Trauben, kernlos
8 Erdbeeren, groß
3 Scheiben Ananas
1 Banane
24 Cocktailspieße

1. Den Backofen auf 180 °C (E-Herd) vorheizen (Umluft: 160 °C). Die Vertiefungen der Form mit Öl einpinseln.

2. Das Mehl mit Speisestärke, Backpulver und dem Salz vermischen.

3. In einer zweiten Schüssel das Ei mit dem Vanillemark, dem Zucker und dem Öl verquirlen. Den Joghurt hinzugeben und verrühren.

4. Die Mehlmischung mit der Eiermasse vorsichtig vermischen. Den Teig zu drei Vierteln in die Vertiefungen der Form füllen und die Muffins auf einem Rost auf der mittleren Schiene des vorgeheizten Backofens 10–12 Minuten backen.

5. Die Lebensmittelfarbe mit dem Puderzucker und etwas Wasser in einer Tasse verrühren. Die Muffins kopfüber in die Glasur tauchen und auf ein Kuchengitter stellen.

6. Trauben und Erdbeeren waschen. Erdbeeren, Ananas und Banane in Scheiben schneiden. Die Früchte abwechselnd auf die Cocktailspieße schieben und in die Muffins stecken.

Süße Bett-hupferl

Sternenhimmel

Zubereitungszeit

40 Minuten

Backzeit

10–12 Minuten

Für die Form

etwas geschmacks-
neutrales Öl

Zutaten

90 g Mehl
1 TL Backpulver
1 EL Speisestärke
1 Prise Salz
1 Ei (Größe M)
2 EL Kakaopulver
50 g Zucker
4 EL Joghurt
50 ml geschmacks-
neutrales Öl
1 Päckchen dunkle
Kuchenglasur
Schokosterne, z. B. von
der Fa. Ulmer
20 g Marzipanrohmasse
1 TL Kakaopulver
24 Holzspießchen
24 Papierstreifen (2 x 5 cm)

1 Den Backofen auf 180 °C (E-Herd) vorheizen (Umluft: 160 °C). Die Vertiefungen der Form mit Öl einpinseln.

2 Das Mehl mit Backpulver, Speisestärke und dem Salz vermengen.

3 In einer zweiten Schüssel das Ei mit Kakaopulver, Zucker, Joghurt und Öl verquirlen.

4 Die Mehlmischung mit der Eiermasse vorsichtig vermengen. Den Teig zu drei Vierteln in die Vertiefungen der Form füllen. Die Muffins auf einem Backrost auf der mittleren Schiene des Backofens 10–12 Minuten backen, abkühlen lassen. Wenn sie zu hoch sind, Füße etwas abschneiden.

5 Die Kuchenglasur in einem Wasserbad nach Packungsaufschrift schmelzen. Die Muffins möglichst mit einer Pralinengabel oder einem Holzstäbchen vorsichtig in die Glasur tauchen. Auf einem Gitter abtropfen lassen. Die Sterne mit einer Pinzette gleichmäßig auf der noch warmen Schokoladenglasur verteilen.

6 Das Marzipan mit Kakaopulver vermengen und 24 kleine Kügelchen formen. Auf die Holzstäbchen spießen und dann die Muffins darauf stecken. (Das Marzipan verhindert, dass die Muffins durchrutschen.) Die Papierstreifen mit einem Gute-Nacht-Gruß beschriften und an den Stäbchen befestigen.

Cosmopoli-Minis

Zubereitungszeit

50 Minuten

Backzeit

10–12 Minuten

Für die Form

etwas geschmacksneutrales Öl

Zutaten

90 g Mehl
1 EL Speisestärke
1 TL Backpulver
1 Prise Salz
1 Ei (Größe M)
Mark von 1 Vanilleschote
50 g Zucker
50 ml geschmacksneutrales Öl
3 EL Griechischer Joghurt
125 g Puderzucker
100 g Marzipanrohmasse
50 g Puderzucker
Lebensmittelfarbe, gelb, braun, blau, rot
1 Packung Balla-Balla-Sticks, z. B. von Haribo
1 Packung Frucht- und Colaschnecken, z. B. von Haribo
1 EL Schokostreusel
10 Liebesperlen

Außerdem:
Knoblauchpresse

1 Den Backofen auf 180 °C (E-Herd) vorheizen (Umluft: 160 °C). Die Vertiefungen der Form mit Öl einpinseln.

2 Das Mehl mit Speisestärke, Backpulver und dem Salz vermischen.

3 In einer zweiten Schüssel das Ei mit Vanillemark, dem Zucker und dem Öl verquirlen. Den Joghurt hinzugeben und verrühren.

4 Die Mehl- mit der Eiermischung vorsichtig vermengen. Den Teig zu drei Vierteln in die Vertiefungen der Form füllen und die Muffins auf einem Rost auf der mittleren Schiene des vorgeheizten Backofens 10–12 Minuten backen.

5 Den Puderzucker mit etwas Wasser und der gelben bzw. braunen Lebensmittelfarbe in 2 Gefäßen verrühren. Die Muffins kopfüber in den Zuckerguss tauchen. Auf einem Gitter abstellen.

6 Das Marzipan mit Puderzucker verkneten. Etwa die Hälfte der Marzipanrohmasse mit brauner, gelber und blauer Lebensmittelfarbe einfärben und durch die Knoblauchpresse drücken. So entstehen die Haare. Aus den Balla-Balla-Sticks, den Schnecken und dem Marzipan Augen und

Münder nach Belieben formen. Diese Elemente mit etwas Zuckerguss auf den Muffins »befestigen«.

7 Für einen Kurzhaarschnitt sind auch Schokostreusel gut geeignet. Dazu aus Puderzucker, Wasser und brauner Lebensmittelfarbe einen Guss herstellen. Die Muffins zuerst in den Zuckerguss tauchen und dann in die Streusel tunken. Die Augen lassen sich auch mit Liebesperlen gestalten.

Für Verliebte

Verführerischer Erdbeertraum

Zubereitungszeit

30 Minuten

Backzeit

10–12 Minuten

Für die Form

etwas geschmacksneutrales Öl

Zutaten

90 g Mehl
1 TL Backpulver
1 EL Speisestärke
1 Päckchen Vanillezucker
1 Prise Salz
1 Ei (Größe M)
40 g Zucker
50 ml geschmacksneutrales Öl
3 EL Joghurt
8 Erdbeeren, groß
125 g Puderzucker
Lebensmittelfarbe, rosa

1 Den Backofen auf 180 °C (E-Herd) vorheizen (Umluft: 160 °C). Die Vertiefungen der Form mit Öl einpinseln.

2 Das Mehl mit Backpulver, Speisestärke, Vanillezucker und dem Salz vermengen.

3 In einer zweiten Schüssel das Ei mit Zucker, Öl und Joghurt verquirlen.

4 Die Mehlmischung mit der Eiermasse vorsichtig verrühren. Den Teig zu drei Vierteln in die Vertiefungen der Form füllen. Die Muffins auf einem Backrost auf der mittleren Schiene des vorgeheizten Backofens 10–12 Minuten backen.

5 Die Erdbeeren waschen und nach Belieben halbieren, vierteln oder achteln.

6 Den Puderzucker mit etwas Wasser und der Lebensmittelfarbe anrühren. Die Muffins kopfüber in den Puderzuckerguss tauchen. Die Erdbeeren auf die noch feuchte Glasur legen.

Mit Schuss

Blaue Wunder

Zubereitungszeit

30 Minuten

Backzeit

10–12 Minuten

Für die Form

etwas geschmacks-
 neutrales Öl

Zutaten

1 TL Backpulver
1 EL Speisestärke
1 Prise Salz
1 Ei (Größe M)
50 g Zucker
50 ml geschmacks-
 neutrales Öl
3 EL Joghurt
Lebensmittelfarbe, blau
350 g Schokoladenfrischkäse
6 cl Blue Curaçao
24 Liebesperlen

Außerdem:
Spritzbeutel mit Sterntülle

1. Den Backofen auf 180 °C (E-Herd) vorheizen (Umluft: 160 °C). Die Vertiefungen der Form mit Öl einpinseln.

2. Das Mehl mit Backpulver, Speisestärke und dem Salz vermengen.

3. In einer zweiten Schüssel das Ei mit dem Zucker, dem Öl und dem Joghurt verquirlen.

4. Die Mehlmischung mit der Eiermischung vorsichtig vermischen und mit der blauen Lebensmittelfarbe intensiv einfärben. Den Teig zu drei Vierteln in die Vertiefungen geben. Die Muffins auf einem Backrost auf der mittleren Schiene des vorgeheizten Backofens 10–12 Minuten backen.

5. Die abgekühlten Muffins quer durchschneiden. Die Schnittkanten in den Blue Curaçao tunken. Den zimmerwarmen Schokoladenfrischkäse in eine Spritztülle mit Sternöffnung geben und die Creme auf die unteren Hälften der Muffins spritzen. Den oberen Teil aufsetzen. Auf die Oberfläche einen kleinen Klecks Schokoladenfrischkäse spritzen. Mit einer Liebesperle verzieren.

Für Gartenfreunde

Schneckenrennen

Zubereitungszeit

50 Minuten

Backzeit

10–12 Minuten

Für die Form

etwas geschmacksneutrales Öl

Zutaten

90 g Mehl
1 TL Backpulver
1 EL Speisestärke
1 Päckchen Vanillezucker
1 Prise Salz
1 Ei (Größe M)
40 g Zucker
50 ml geschmacksneutrales Öl
3 EL Joghurt
80 g Marzipanrohmasse
2 TL Kakaopulver
10 Fruchtgummi-Schnecken, z. B. von Haribo
1 EL Puderzucker und etwas Wasser für den Zuckerguss

1 Den Backofen auf 180 °C (E-Herd) vorheizen (Umluft: 160 °C). Die Vertiefungen der Form mit Öl einpinseln.

2 Das Mehl mit Backpulver, Speisestärke, Vanillezucker und dem Salz vermengen.

3 In einer zweiten Schüssel das Ei mit dem Zucker, dem Öl und dem Joghurt verquirlen.

4 Die Mehlmischung mit der Eiermasse vorsichtig vermischen. Den Teig zu drei Vierteln in die Vertiefungen der Form füllen. Die Muffins auf einem Backrost auf der mittleren Schiene des vorgeheizten Backofens 10–12 Minuten backen.

5 Die Marzipanrohmasse mit dem Kakao vermengen und 24 ca. 5 cm lange Rollen formen. 1 Hariboschnecke (rot) abwickeln, die doppelte Bandführung aufspalten und 48 ca. 2 cm lange Fühler abschneiden. Die restlichen Schnecken abwickeln und zu einem kleinen Schneckenhaus (Ø ca. 3 cm) wieder aufwickeln. Das Schneckenhaus auf den Schneckenkörper setzen. Den Kopf leicht nach oben biegen und die Fühler anbringen. Die Muffins mit etwas Zuckerguss bestreichen und die Schnecken darauf setzen.

Süße Schneeflocken

Zubereitungszeit
20 Minuten

Backzeit
10–12 Minuten

Für die Form
etwas geschmacksneutrales Öl

Zutaten
90 g Mehl
1 EL Speisestärke
1 TL Backpulver
1 Prise Salz
1 Ei (Größe M)
Mark von 1 Vanilleschote
50 g Zucker
50 ml geschmacksneutrales Öl
175 g Puderzucker
3 EL Griechischer Joghurt
100 g Marzipanrohmasse
50 g Hagelzucker

Außerdem:
Kleine Sternausstechform

1. Den Backofen auf 180 °C (E-Herd) vorheizen (Umluft: 160 °C). Die Vertiefungen der Form mit Öl einpinseln.

2. Das Mehl mit Speisestärke, Backpulver und Salz vermischen.

3. In einer zweiten Schüssel das Ei, mit dem Vanillemark, dem Zucker und dem Öl verquirlen. Den Joghurt hinzugeben und verrühren.

4. Die Mehlmischung mit der Eiermasse vorsichtig vermischen. Den Teig zu drei Vierteln in die Vertiefungen der Form füllen und die Muffins auf einem Rost auf der mittleren Schiene des vorgeheizten Backofens 10–12 Minuten backen.

5. 125 g Puderzucker mit etwas Wasser verrühren. Die Muffins kopfüber in den Zuckerguss tauchen und auf einem Abtropfgitter trocknen lassen.

6. Die Marzipanrohmasse mit dem restlichen Puderzucker verkneten, ausrollen und mit einem kleinen Sternausstecher 24 Sterne ausstechen. Die Sterne an der Unterseite mit einem Tupfen Zuckerguss versehen und auf die Muffins legen. Mit Zuckerguss bestreichen und mit Hagelzucker bestreuen. Auch den Rand der Muffins mit Zuckerguss bestreichen und mit Hagelzucker versehen.

Schoko-Marzipan-Igelchen

Zubereitungszeit

40 Minuten

Backzeit

10–12 Minuten

Für die Form

etwas geschmacksneutrales Öl

Zutaten

90 g Mehl
1 TL Backpulver
1 EL Speisestärke
1 Prise Salz
1 Ei (Größe M)
2 EL Kakaopulver
50 g Zucker
4 EL Joghurt
50 ml geschmacksneutrales Öl
100 g Mandelstifte
50 g Marzipanrohmasse
1 TL Kakaopulver
Lebensmittelfarbe, rosa
2 EL Puderzucker und etwas Wasser für den Zuckerguss
72 Liebesperlen

1 Den Backofen auf 180 °C (E-Herd) vorheizen (Umluft: 160 °C). Die Vertiefungen der Form mit Öl einpinseln.

2 Das Mehl mit Backpulver, Speisestärke und dem Salz vermengen.

3 In einer zweiten Schüssel das Ei mit Kakaopulver, Zucker, Joghurt und Öl verquirlen.

4 Die Mehlmischung mit der Eiermasse vorsichtig vermischen. Den Teig zu drei Vierteln in die Vertiefungen der Form füllen. Die Muffins auf einem Backrost auf der mittleren Schiene des vorgeheizten Backofens 10–12 Minuten backen. Die Muffins abkühlen lassen. Sollten sie zu hoch geworden sein, die Füßchen etwas zurechtschneiden.

5 Die Mandelstifte in die Muffins stecken. Zwei Drittel der Marzipanrohmasse mit dem Kakao verkneten und 24 kleine Igelschnäuzchen formen. Den restlichen Marzipan mit der rosa Lebensmittelfarbe verkneten und kleine Öhrchen daraus modellieren. Die Ohren und die Schnauzen mit Zuckerguss bestreichen und an die Muffins »kleben«. Die Liebesperlen, die als Augen und Nasenspitze dienen, ebenfalls mit Zuckerguss bestreichen und an den Muffins befestigen, um den Igel zu vollenden.

Verlockende Fliegenpilze

Zubereitungszeit

20 Minuten

Backzeit

10–12 Minuten

Für die Form

etwas geschmacks-
 neutrales Öl

Zutaten

50 g Mehl
50 g Mandeln, geschält,
 gemahlen
1 EL Speisestärke
1 TL Backpulver
1 Prise Salz
2 Eier (Größe M)
20 g Zucker
2 EL Joghurt
50 ml geschmacks-
 neutrales Öl
150 g Puderzucker
Lebensmittelfarbe, rot
50 g Marzipanrohmasse

1. Den Backofen auf 180 °C (E-Herd) vorheizen (Umluft: 160 °C). Die Vertiefungen der Form mit Öl einpinseln.

2. Das Mehl mit Mandeln, Speisestärke, Backpulver und dem Salz vermischen.

3. In einer zweiten Schüssel die Eier mit Zucker, Joghurt und dem Öl verquirlen.

4. Die Mehlmischung mit der Eiermasse vorsichtig vermischen. Den Teig zu drei Vierteln in die Vertiefungen der Form füllen und die Muffins auf einem Rost auf der mittleren Schiene des vorgeheizten Backofens 10–12 Minuten backen.

5. 125 g Puderzucker mit der roten Lebensmittelfarbe und etwas Wasser verrühren. Die Muffins kopfüber in den Puderzucker tauchen und auf ein Abtropfgitter stellen.

6. 25 g Puderzucker mit der Marzipanrohmasse verkneten. Aus dem Marzipan kleine Kügelchen formen und auf die Muffins drücken.

Der Party-Hit

Kokos-Pralinen mit Schuss

Zubereitungszeit

40 Minuten

Backzeit

10–12 Minuten

Für die Form

etwas geschmacksneutrales Öl

Zutaten

90 g Mehl
1 EL Speisestärke
1 TL Backpulver
40 g Kokosraspeln
1 Prise Salz
1 Ei (Größe M)
40 g Zucker
50 ml geschmacksneutrales Öl
2 EL Rum, weiß
2 EL saure Sahne
125 g Puderzucker
1 EL Rum, weiß
2 EL Ananassaft
Kokosraspeln, zum Wälzen
24 Belegkirschen
24 Ananas, kleine Dreiecke
24 Cocktailspieße

1. Den Backofen auf 180 °C (E-Herd) vorheizen (Umluft: 160 °C). Die Vertiefungen der Form mit Öl einpinseln.

2. Das Mehl mit Speisestärke, Backpulver, Kokosraspeln und dem Salz vermengen.

3. In einer zweiten Schüssel das Ei mit dem Zucker, dem Öl, dem Rum und der sauren Sahne verquirlen.

4. Die Mehlmischung mit der Eiermasse vorsichtig vermengen. Den Teig zu drei Vierteln in die Vertiefungen der Form füllen und die Muffins auf einem Rost auf der mittleren Schiene des vorgeheizten Backofens 10–12 Minuten backen.

5. Den Puderzucker mit Rum und Ananassaft zu einer zähen Masse verrühren. Die abgekühlten Muffins kopfüber in den Puderzucker tauchen und anschließend sofort mit den Kokosraspeln bestreuen. Die Belegkirschen und jeweils ein kleines Ananas-Dreieck auf einen Cocktailspieß schieben und dann in die Muffins stecken.

Für 4 Drachenfreunde

Bunte chinesische Drachen

Zubereitungszeit

80 Minuten

Backzeit

10–12 Minuten

Für die Form

etwas geschmacksneutrales Öl

Zutaten

90 g Mehl
1 EL Speisestärke
1 TL Backpulver
1 Prise Salz
1 Ei (Größe M)
Mark von 1 Vanilleschote
50 g Zucker
50 ml geschmacksneutrales Öl
3 EL Griechischer Joghurt
Lebensmittelfarbe, rot, blau, grün und gelb
4 saure Schnüre, z. B. von Haribo
200 g Marzipanrohmasse
100 g Puderzucker
30 g Puderzucker
12 Liebesperlen
Zuckerschrift, schwarz, blau

1 Den Backofen auf 180 °C (E-Herd) vorheizen (Umluft: 160 °C). Die Vertiefungen der Form mit Öl einpinseln.

2 Das Mehl mit Speisestärke, Backpulver und Salz vermischen.

3 In einer zweiten Schüssel das Ei mit dem Vanillemark, dem Zucker und dem Öl verquirlen. Den Joghurt hinzugeben und verrühren.

4 Die Mehlmischung mit der Eiermasse vorsichtig vermischen. Den Teig auf zwei Schüsseln verteilen. Die eine Hälfte mit roter Lebensmittelfarbe, die andere mit blauer einfärben.

5 Den Teig zu drei Vierteln in die Vertiefungen der Form füllen und die Muffins auf einem Rost auf der mittleren Schiene des Backofens 10–12 Minuten backen.

6 16 Muffins waagerecht durchbohren. Jeweils drei Muffins auf die saure Schnur auffädeln. Die Schnur jeweils in einem 5. Muffin enden lassen.

7 Die Marzipanrohmasse mit dem Puderzucker verkneten und ca. 1 cm dick ausrollen. 32 »Füßchen« aus Marzipanrohmasse formen und unter die vier Muffins, die den Körper des Drachen darstellen, setzen.

8 Den Puderzucker mit etwas Wasser anrühren. Nun 20 Drachenkämme mit jeweils 3 Zacken aus dem ausgerollten Marzipan ausschneiden. Die Zacken längs mit einem Klecks Zuckerguss auf den Muffins fixieren und mit bunter Lebensmittelfarbe auf allen Seiten bemalen. Die Liebesperlen mit Zuckerguss an den Kopfzacken der Drachenköpfe befestigen.

Aus dem restlichen Marzipan 8 Augen und 8 Hörner formen und an dem Drachenkopf mit Zuckerguss befestigen. Den Mund mit blauer Zuckerschrift aufmalen.

Tipp Die restlichen vier Muffins dienen als Notfallmuffins, falls einer beim Auffädeln auseinanderbrechen sollte.

Für gute Träume

Schäfchen-Glück

Zubereitungszeit
60 Minuten

Backzeit
10–12 Minuten

Für die Form
etwas geschmacksneutrales Öl

Zutaten
80 g Kastanienmehl (Maronenmehl)
20 g Speisestärke
1 TL Backpulver
2 TL Vanillezucker
1 TL Kakaopulver
40 g Maronen, gegart und kleingehackt
10 Pinienkerne
1 TL getrockneter Rosmarin, gehackt
50 ml geschmacksneutrales Öl
1 Ei (Größe M)
100 g saure Sahne
1 Prise Salz
2 TL Zitronensaft
3 TL Zitronenmarmelade
125 g Puderzucker
200 g Marzipanrohmasse
Lebensmittelfarbe, braun
100 g Puderzucker
48 Liebesperlen
Lebensmittel-Zierschrift, rot

Außerdem:
Knoblauchpresse

1. Den Backofen auf 180 °C (E-Herd) vorheizen (Umluft: 160 °C). Die Vertiefungen der Form mit Öl einpinseln.

2. Das Kastanienmehl mit Speisestärke, Backpulver, Vanillezucker und dem Kakao verrühren.

3. Die Maronen mit einer Gabel zerdrücken. Die Pinienkerne in einer Pfanne ohne Fett anrösten und hacken. Die gehackten Zutaten mit dem Öl in einer zweiten Schüssel vermischen. Das Ei einrühren. Saure Sahne, Salz und Zitronensaft sowie die Zitronenmarmelade hinzugeben und vermengen.

4. Die Mehl- mit der Maronenmasse verrühren. Den Teig in die Form füllen und die Muffins 10–12 Minuten backen.

5. Den Puderzucker mit Wasser anrühren. Die Muffins in den Guss tauchen und auf ein Kuchengitter stellen.

6. 50 g Marzipan mit Farbe vermengen. Für die Köpfe 24 Kugeln (Ø 1 cm) sowie 48 Hörnchen formen. Für die Augen Liebesperlen nehmen. Hörner und Augen mit Zuckerguss am Kopf befestigen. Nasen aufmalen. Restlichen Marzipan mit Puderzucker

verkneten und durch eine Knoblauchpresse drücken. Dieses »Fell« abheben und auf die Muffins setzen.

Tipp Um schwarze Schäfchen herzustellen, einfach das Marzipan für die Köpfe ungefärbt lassen und das fürs Fell mit der Farbe mischen.

Schnell gemacht

Safari-Minis

Zubereitungszeit

20 Minuten

Backzeit

10–12 Minuten

Für die Form

etwas geschmacksneutrales Öl

Zutaten

90 g Mehl
20 g Ovomaltine
1 EL Speisestärke
1 TL Backpulver
1 Prise Salz
2 Eier (Größe M)
40 g Zucker
4 EL Buttermilch
50 ml geschmacksneutrales Öl
½ reife Banane
Lebensmittelfarben, nach Belieben
125 g Puderzucker
24 Spielzeugtierchen aus Zucker, beispielsweise kleine Elefanten, -löwen, -nashörner und mehr

1 Den Backofen auf 180 °C (E-Herd) vorheizen (Umluft: 160 °C). Die Vertiefungen der Form mit Öl einpinseln.

2 Das Mehl mit Ovomaltine, Speisestärke, Backpulver und dem Salz vermischen.

3 In einer zweiten Schüssel die Eier mit Zucker, Buttermilch und Öl verquirlen.

4 Die Banane mit einer Gabel zerdrücken und zur Eiermasse geben.

5 Die Mehlmischung mit der Eiermasse vorsichtig verrühren.

6 Den Teig zu drei Vierteln in die Vertiefungen der Form füllen und die Muffins auf einem Backrost auf der mittleren Schiene des vorgeheizten Backofens 10–12 Minuten backen.

7 Lebensmittelfarben nach persönlicher Vorliebe wählen. Je 2 EL Puderzucker in eine kleine Espressotasse einfüllen, mit einigen Tropfen Wasser und Lebensmittelfarbe anrühren. Die Muffins kopfüber in den Zuckerguss tauchen und auf ein Kuchengitter stellen. Auf die noch feuchten Muffins die Tiere Afrikas setzen.

Für Genießer

Schoko-Erdbeer-Törtchen

Zubereitungszeit

40 Minuten

Backzeit

10–12 Minuten

Für die Form

etwas geschmacksneutrales Öl

Zutaten

90 g Mehl
1 TL Backpulver
1 EL Speisestärke
1 Prise Salz
1 Ei (Größe M)
2 EL Kakaopulver
50 g Zucker
4 EL Joghurt
50 ml geschmacksneutrales Öl
5 Erdbeeren
125 g Butter, zimmerwarm
70 g Puderzucker
125 g Marshmallow-Fluff, Erdbeere

Außerdem:

Spritzbeutel mit Sterntülle

1 Den Backofen auf 180 °C (E-Herd) vorheizen (Umluft: 160 °C). Die Vertiefungen der Form mit Öl einpinseln.

2 Das Mehl mit Backpulver, Speisestärke und Salz vermengen.

3 In einer zweiten Schüssel das Ei mit Kakaopulver, Zucker, Joghurt und Öl verquirlen.

4 Die Mehlmischung mit der Eiermasse vorsichtig vermischen. Den Teig zu drei Vierteln in die Vertiefungen der Form füllen. Die Muffins auf einem Backrost auf der mittleren Schiene des vorgeheizten Backofens 10–12 Minuten backen. Die Muffins abkühlen lassen. Die Muffins waagerecht durchschneiden. Die Erdbeeren waschen und in Scheiben schneiden.

5 Die zimmerwarme Butter mit dem Puderzucker vermengen. Den Marshmallow-Fluff dazugeben, gut verrühren. Die Masse in einen Spritzbeutel mit Sterntülle füllen und etwas Masse auf die unteren Hälften der Muffins spritzen. Eine Erdbeerscheibe drauflegen und auch auf diese etwas Fluff-Masse spritzen. Die oberen Hälften darauf setzen und ein Krönchen auf die Muffins spritzen. Eine halbierte Erdbeerscheibe oben aufstecken.

Für kleine Weltraumabenteurer

Marsmännchen

Zubereitungszeit

60 Minuten

Backzeit

10–12 Minuten

Für die Form

etwas geschmacksneutrales Öl

Zutaten

90 g Mehl
1 TL Backpulver
1 EL Speisestärke
1 Prise Salz
1 Ei (Größe M)
2 EL Kakaopulver
50 g Zucker
4 EL Joghurt
50 ml geschmacksneutrales Öl
125 g Puderzucker
Lebensmittelfarbe, rot, blau, lila, grün
50 g Marzipanrohmasse
10 Stück Balla Balla, z. B. von Haribo
5 Brauseflummis, z. B. von Hitschler
3 Frucht-Schnecken, z. B. von Haribo
25 g Puderzucker
Liebesperlen, klein, zum Verzieren

1 Den Backofen auf 180 °C (E-Herd) vorheizen (Umluft: 160 °C). Die Vertiefungen der Form mit Öl einpinseln.

2 Das Mehl mit Backpulver, Speisestärke und dem Salz vermengen.

3 In einer zweiten Schüssel das Ei mit Kakaopulver, Zucker, Joghurt und Öl verquirlen.

4 Die Mehl- mit der Eimischung vermischen. Den Teig zu drei Vierteln in die Vertiefungen der Form füllen. Die Muffins auf einem Backrost auf der mittleren Schiene des vorgeheizten Backofens 10–12 Minuten backen. Die Muffins abkühlen lassen.

5 Puderzucker mit Wasser und Lebensmittelfarben verrühren, die Muffins eintauchen, trocknen lassen.

6 Für die Augen Kügelchen aus Marzipan formen und mit farblich passendem Zuckerguss an den Muffins befestigen oder mit Liebesperlen verzieren. Balla Balla in Scheibchen schneiden und mit Zuckerguss ankleben. Für Haare und Hut Brauseflummis mit Zuckerguss befestigen. Marzipankügelchen formen, mit Farbe verkneten, an den Flummis festdrücken und kurze Schneckenstreifen als Antennen in die Marzipanmasse stecken. Für den Mund Schneckenstreifen mit Zuckerguss fixieren.

Prinzessinnen-Muffins

Zubereitungszeit

20 Minuten

Backzeit

10–12 Minuten

Für die Form

etwas geschmacks-
neutrales Öl

Zutaten

90 g Mehl
1 TL Backpulver
1 EL Speisestärke
1 Prise Salz
1 Ei (Größe M)
50 g Zucker
50 ml geschmacks-
neutrales Öl
3 EL Joghurt
125 g Puderzucker
Lebensmittelfarbe, rot, gelb
Liebesperlen, silbern

1. Den Backofen auf 180 °C (E-Herd) vorheizen (Umluft: 160 °C). Die Vertiefungen der Form mit Öl einpinseln.

2. Das Mehl mit Backpulver, Speisestärke und dem Salz vermengen.

3. In einer zweiten Schüssel das Ei mit dem Zucker, dem Öl und dem Joghurt verquirlen.

4. Die Mehlmischung mit der Eimischung vorsichtig vermengen und den Teig zu drei Vierteln in die Vertiefungen geben. Die Muffins auf einem Backrost auf der mittleren Schiene des vorgeheizten Backofens 10–12 Minuten backen.

5. Für den Guss den Puderzucker auf zwei kleine Gefäße verteilen, mit etwas Wasser verrühren und mit den Lebensmittelfarben vermengen. Die Muffins kopfüber in den Guss tauchen und auf ein Kuchengitter stellen. Noch feucht mit Liebesperlen verzieren.

Süße Strand-souvenirs

Freche Meeresfrüchtchen

Zubereitungszeit

60 Minuten

Backzeit

10–12 Minuten

Für die Form

etwas geschmacks-neutrales Öl

Zutaten

90 g Mehl
1 EL Speisestärke
1 TL Backpulver
1 Prise Salz
1 Ei (Größe M)
Mark von 1 Vanilleschote
50 g Zucker
50 ml geschmacks-neutrales Öl
3 EL Griechischer Joghurt
200 g Puderzucker
Lebensmittelfarbe, blau, rot, orange
150 g Marzipanrohmasse
Zuckerschrift

Außerdem:

Schaschlikstäbchen zum Gestalten

1. Den Backofen auf 180 °C (E-Herd) vorheizen (Umluft: 160 °C). Die Vertiefungen der Form mit Öl einpinseln.

2. Das Mehl mit Speisestärke, Backpulver und dem Salz vermischen.

3. In einer zweiten Schüssel das Ei mit dem Vanillemark, dem Zucker und dem Öl verquirlen. Den Joghurt hinzugeben und verrühren.

4. Die Mehlmischung mit der Eiermasse vorsichtig vermengen. Den Teig zu drei Vierteln in die Vertiefungen der Form füllen und die Muffins auf einem Rost auf der mittleren Schiene des vorgeheizten Backofens 10–12 Minuten backen.

5. 125 g Puderzucker mit etwas Wasser und blauer Farbe vermengen. Die Muffins kopfüber eintauchen.

6. Die Marzipanrohmasse mit 75 g Puderzucker vermengen und daraus Tiere formen. Mit Schaschlik-Stäbchen können Sie Seesterne und Muscheln gestalten. Für den Hai eine Rolle formen, für die Flossen Dreiecke kneten und am Haikörper befestigen. Die Augen mit Zuckerschrift aufmalen. Für die Krabbe aus Marzipan zuerst den Rumpf, dann die 8 Beine formen, am Körper befestigen und mit dem Stäbchen die Greifzangen einkerben. Die Krabbe mit roter oder oranger Farbe einfärben. 2 kleine Marzipankügelchen für die Augen anbringen.

Für beste Freunde

Minis mit Hut

Zubereitungszeit

40 Minuten

Backzeit

10–12 Minuten

Für die Form

etwas geschmacksneutrales Öl

Zutaten

90 g Mehl
1 EL Speisestärke
1 TL Backpulver
1 Prise Salz
1 Ei (Größe M)
Mark von 1 Vanilleschote
50 g Zucker
50 ml geschmacksneutrales Öl
3 EL Joghurt
100 g Marzipanrohmasse
75 g Puderzucker
Lebensmittelfarbe, braun, rot, blau
Kleine Federn
24 Pralinenförmchen

1 Den Backofen auf 180 °C (E-Herd) vorheizen (Umluft: 160 °C). Die Vertiefungen der Form mit Öl einpinseln.

2 Das Mehl mit Speisestärke, Backpulver und dem Salz vermischen.

3 In einer zweiten Schüssel das Ei mit dem Vanillemark, dem Zucker und dem Öl verquirlen. Den Joghurt hinzugeben und verrühren.

4 Die Mehl- mit der Eimasse vorsichtig vermischen. Den Teig zu drei Vierteln in die Form füllen und auf einem Rost auf der mittleren Schiene des Backofens 10–12 Minuten backen.

5 Die Marzipanrohmasse mit 50 g Puderzucker verkneten, ausrollen und 24 Kreise ausstechen (Ø 3 cm). Die Kreise als Haare auf die Muffins setzen und mit brauner Lebensmittelfarbe bestreichen.

6 Puderzucker mit etwas Wasser verrühren. Einen Teil des restlichen Marzipans mit roter Farbe verkneten und 24 Münder daraus formen. Zuletzt etwas Marzipan mit blauer Farbe vermengen und 48 Kügelchen für die Augen formen. Münder und Augen mit einer Pinzette anbringen. Mit etwas Zuckerguss fixieren. Die Federn an die Pralinenförmchen kleben und über die Muffins als »Hut« stülpen.

Alphabetisches Rezeptverzeichnis

B
Blumenwiese, bunte   22
Bunt getupft   12

C
Chinesische Drachen, bunte   46
Cosmopoli-Minis   30

E
Erdbeertraum, verführerischer   32

F
Fliegenpilze, verlockende   42
Früchtchen, gestapelte   26

G
Geburtstags-Minis   16

H
Halloween-Monster, kleine   24

K
Kokos-Pralinen mit Schuss   44
Küsschen, rosa   20

M
Madame Butterfly   14
Marsmännchen   54
Meeresfrüchtchen, freche   58
Minis mit Hut   60

P
Prinzessinnen-Muffins   56

S
Safari-Minis   50
Schäfchen-Glück   48
Schneckenrennen   36
Schneeflocken, süße   38
Schoko-Erdbeer-Törtchen   52
Schoko-Marzpan-Igelchen   40
Sternenhimmel   28

V
Vanille-Minis mit PS   18

W
Wunder, blaue   34

Dank

Das Wichtigste zum Schluss. Wie bei jedem Buch sind sehr viel mehr Menschen mit Engagement und Tatkraft an einem Buchprojekt beteiligt, als Namen auf dem Cover stehen. Mein herzlicher Dank gilt Nina Andres, die sich mit all ihrer Erfahrung und Fachkenntnis meiner kleinen Muffins angenommen hat. Gedankt sei auch den vielen mutigen Testessern, die es manchmal kaum übers Herz brachten, die hübschen Minimuffins zu verspeisen, sich aber dann doch beherzt dieser Aufgabe stellten. Von ganzem Herzen danke ich Rita Seitz – fürs Mitbacken, Mitessen, fürs Fantasieren und Experimentieren und für alles andere auch.
Mehr Infos zu bereits erschienen Titeln unter www.luise-lilienthal.de

Impressum

ISBN: 978-3-8094-3331-6

1. Auflage

© 2014 by Bassermann Verlag, einem Unternehmen der Verlagsgruppe Random House GmbH, 81673 München

Die Verwertung der Texte und Bilder, auch auszugsweise, ist ohne Zustimmung des Verlags urheberrechtswidrig und strafbar. Dies gilt auch für Vervielfältigungen, Übersetzungen, Mikroverfilmung und für die Verarbeitung mit elektronischen Systemen.

Umschlag- und Boxgestaltung:
Atelier Versen, Bad Aibling
Bildredaktion: Tanja Zielezniak
Herstellung: Elke Cramer
Redaktion: Nina Andres
Projektleitung: Birte Schrader
Layout: Atelier Versen, Bad Aibling
Fotografie und Foodstyling:
Andreas Ketterer, Evelyn Layher,
www.ketterer-layher-foodphoto.de

Die Ratschläge in diesem Buch sind von der Autorin und vom Verlag sorgfältig erwogen und geprüft, dennoch kann eine Garantie nicht übernommen werden. Eine Haftung der Autorin bzw. des Verlags und seiner Beauftragten für Personen-, Sach- und Vermögensschäden ist ausgeschlossen.

Satz: Nadine Thiel, kreativsatz, Baldham
Reproduktion: Regg Media GmbH, München
Druck und Verarbeitung:
Anpak Printing Ltd., Hongkong

Printed in China

Verlagsgruppe Random House FSC®
N001967

Das für dieses Buch verwendete Papier ist FSC®-zertifiziert

Das nächste Fest kann kommen

Buch plus drei Dekorierwerkzeuge
ISBN 978-3-8094-3179-4

In diesem Buch finden Sie vielfältige Anregungen für das fantasievolle Anrichten und Dekorieren mit Früchten oder Gemüse sowie Ideen, wie Sie Häppchen, Süßspeisen und andere Köstlichkeiten appetitlich arrangieren können. Das Plus an diesem einmaligen Set sind die hochwertigen, spülmaschinenfesten drei Dekorierwerkzeuge aus rostfreiem Edelstahl.

Das Buntmesser schneidet ganz einfach dekorative Zickzackmuster in Gurken, Melonen, Butter oder Eier.

Der Kugelausstecher formt im Handumdrehen gleichmäßige Kugeln aus Melonen- oder Gurkenfruchtfleisch und ist auch zum Aushöhlen von Früchten und zum Entfernen von Kerngehäusen bestens geeignet.

Mit dem Kanneliermesser lassen sich stern- oder blütenförmige Verzierungen in Zitrusfrüchte, Gurken oder Karotten einkerben und auch Champignonköpfe verzieren.

www.bassermann-verlag.de